Die europäische Perspektive – Werte, Politik, Wirtschaft
Hans-Gert Pöttering

Robert Bosch Stiftung

In Verantwortung für die Zukunft

Prof. Dr. Hans-Gert Pöttering, MdEP, Präsident des Europäischen Parlaments und Vorsitzender der Konrad-Adenauer-Stiftung, sprach am 14. Dezember 2010 in der Vortragsreihe »In Verantwortung für die Zukunft« der Robert Bosch Stiftung zum Thema »Die europäische Perspektive – Werte, Politik, Wirtschaft«.

Hans-Gert Pöttering ist begeisterter Europäer, »auch nach über 30 Jahren im Europäischen Parlament«. Er skizziert die Entwicklung der Europäischen Einigung als beispiellose Erfolgsgeschichte. Heute leben über 500 Millionen Menschen in den 27 Mitgliedstaaten. Das übergeordnete Ziel ist die »Einheit in der Vielfalt«.

Mit Blick auf das Image der EU bedauert Pöttering, dass für die historischen Meilensteine der europäischen Integration häufig »technische Begriffe« verwendet werden, wie z.B. die »Erweiterung des Schengen-Raums« als Beschreibung der bahnbrechenden Beseitigung der Schlagbäume in Europa. Zuweilen täte eine etwas leidenschaftlichere Darstellung der eigenen Erfolge dem europäischen Projekt gut.

Auf Jean Monnet geht die Feststellung zurück: »Nichts ist möglich ohne die Menschen, nichts dauerhaft ohne Institutionen.« Pöttering greift den Gedanken auf und fordert kraftvolle europäische Institutionen: eine EU-Kommission als »Hüterin der Verträge«, einen Ministerrat, der nach Mehrheit entscheidet, und ein starkes Europäisches Parlament. In der Rückschau auf die vergangenen drei Jahrzehnte attestiert Pöttering dem Europäischen Parlament, einen »weiten Weg gegangen« zu sein. Gestartet 1979 ohne jedwede Gesetzgebungskompetenz, hat das Europäische Parlament in stetem Einsatz für Demokratie und Parlamentarismus auf europäischer Ebene eindrucksvolle Erfolge erzielt. So war für Pöttering das Europäische Parlament schließlich die »treibende Kraft« für den Vertrag von Lissabon. Er konstatiert: »In Europa muss man Überzeugungen und langen Atem haben, sonst braucht man dort gar nicht anzufangen.«

Den Kern der Europäischen Union bildet für Pöttering eine Wertegemeinschaft. Ihre Mitglieder berufen sich auf die Würde des Menschen, Menschenrechte, Demokratie, Freiheit, Frieden, Rechtsordnung und Solidarität. Daraus erwächst auch eine außenpolitische Verantwortung. Pöttering fordert, »dass wir nicht die Augen verschließen vor der Verletzung der Menschenrechte in der Welt«.

In einer Zeit der Wirtschafts- und Eurokrise hebt Pöttering die Bedeutung der Gemeinschaftswährung gerade für Deutschland als exportstarkes Land hervor. Die gegenwärtige Krise zeigt, dass einige Mitgliedstaaten »über ihre Verhältnisse gelebt« haben. Und »das muss natürlich in Ordnung gebracht werden«. Damit dies gelingt, muss die Stabilitätspolitik überall in der Europäischen Union durchgesetzt werden. Im Markt sieht Pöttering dabei keinen Selbstzweck: »Er hat auch eine soziale Funktion.« Pöttering sieht weder im Kapitalismus noch in der Staatswirtschaft eine Lösung, er bekennt sich zur Sozialen Marktwirtschaft. Und die braucht eine klare Ordnung und Regeln für alle Beteiligten.

Zum Ende seines Vortrags geht Pöttering auf die Frage ein, wie die christlich und die islamisch geprägten Kulturen der Welt miteinander in Frieden leben können. Er hält ein Plädoyer für die Toleranz. Auch und gerade im Verhältnis der Religionen: »Es gilt das gleiche Recht für Muslime wie für Christen.«

Einführung Dieter Berg

Sehr geehrter, lieber Herr Pöttering,
sehr geehrte Vertreter des Konsularischen Corps,
liebe Frau Solinger,
sehr geehrte Damen und Herren,

ich begrüße Sie zum zweiten Stiftungsvortrag in diesem Jahr. Und ich freue mich sehr, dass wir Herrn Professor Pöttering gewinnen konnten. Herzlich willkommen, lieber Herr Professor Pöttering, in Stuttgart.

Ihr Vortrag trägt den Titel: »Die europäische Perspektive – Werte, Wirtschaft, Politik«. Schlägt man in diesen Tagen die Zeitung auf oder surft auf den einschlägigen Nachrichtenseiten im Internet, dann gewinnt man den Eindruck, die europäische Perspektive sei: KRISE; »Europa in der Krise«. Das liest man allenthalben. Die Euro-Zone in Gefahr. Eine drohende Domino-Rallye finanzwirtschaftlich kollabierender Mitgliedstaaten von Griechenland über Irland bis nach Portugal. Wenn dann von einigen Beobachtern und Kommentatoren die Re-Nationalisierung von Politikfeldern, von Währungen, von Zukunftsentwürfen gefordert wird, dann fühlt man sich gar an eine »Rette sich wer kann!«-Atmosphäre erinnert.

Meine sehr geehrten Damen und Herren. Die Europäische Union steht vor großen Herausforderungen. Aus einer kleinen Gemeinschaft für Kohle und Stahl, gegründet unter dem Eindruck der europäischen Katastrophe zweier großer Kriege, ist in knapp sechzig Jahren eine beispiellose Erfolgsgeschichte geworden. Aus sechs Ländern einer Wirtschaftsgemeinschaft wurden 27 Mitgliedstaaten einer Union mit etwa einer halben Milliarde Menschen. Schlagbäume fielen weg und Grenzen wurden geöffnet, für alle wurden der Frieden gesichert und der Wohlstand gemehrt.

Diese Entwicklung war stets auch von Hindernissen und Bedrohungen für die europäische Einigung bestimmt. Nicht zuletzt in den Auseinandersetzungen bis zum Inkrafttreten des Vertrags von Lissabon. Das Bild von »Europa in der Krise« ist nicht neu. Sie müssen nur einmal »Europa in der Krise« googeln und werden feststellen, dass Sie zu diesem Thema nicht nur Beiträge aus 2010 finden. Nein, Sie finden diesen Titel auch für Quellen aus 2009. Und aus 2008, 2007, 2006, 2005 usw.

Schuldenkrise, Referendum-Krise, sicherheitspolitische Krise, Finanzkrise – die oberflächliche Google-Recherche zeichnet einen Zustand von Europa in der Dauerkrise. Ich möchte keine Schönmalerei betreiben, meine sehr geehrten Damen und Herren, finde aber, dass sich die EU für einen vermeintlichen »Dauerkrisenherd« erstaunlich gut gehalten und entwickelt hat.

Nun dominiert die »Krise um den Euro« die Berichterstattung. Zur Jahrtausendwende befürchteten die Skeptiker der Gemeinschaftswährung das ökonomische Desaster – allen voran die Kämpfer für die D-Mark, die den Untergang der nationalen Währung als Vorboten für den Untergang des deutschen Wohlstands sahen.

Am 4. Januar 1999 startet der Handel mit dem Euro – zu einem Kurs von 1,1747 US-Dollar. Noch im selben Jahr rutscht er unter einen Dollar. Schließlich stürzt er im Herbst 2000 auf 82 US Cent. Die Skeptiker fühlten sich bestätigt. 2002 klettert der Euro erstmals wieder über einen Dollar. Von da an ging es – mit einigen Aufs und Abs – kontinuierlich nach oben. Zwischenzeitlich erreicht der Euro Rekordhöhen, steigt bis zu 1,59 Dollar [15.07.2008]. Die Skeptiker des Euro verschwinden jedoch nicht, sie werden nur abgelöst: Die, die Ängste über den zu geringen Wert schüren, machen die Bühne frei für die, die vor einer Überbewertung warnen.

Die wirtschaftlichen Schwierigkeiten Griechenlands und Irlands sind in der Tat ein veritables Problem für die gemeinsame Währung und für die Union selber. Denn die Union als Ganzes kann ökonomisch – und in Konsequenz auch politisch – nur so lange existieren, wie ihre einzelnen Mitglieder verantwortlich agieren. Solidarität und Transfer in der Union dürfen und können verantwortungsvolles Handeln ihrer Mitglieder nicht ersetzen.

Um die Erfolgsgeschichte für alle fortzuschreiben, braucht es eine europäische, mindestens aber eine besser abgestimmte, noch besser: eine einheitliche Wirtschafts- und Finanzpolitik. Re-Nationalisierung wäre hier gerade der falsche Ansatz.

Meine Damen und Herren, das alles kann nur gelingen, wenn diejenigen überzeugt und mitgenommen werden, die die Europäische Union ausmachen: die 500 Millionen Unionsbürger. Die EU ist an einem Punkt der Integration angelangt, an dem die Partizipation der Bürger eine entscheidende Voraussetzung ihrer Zukunftsfähigkeit ist. Die Bürger müssen einbezogen werden in die Gestaltung der europäischen Idee. Sie müssen sich vertreten, gehört, beteiligt fühlen. Dies gelingt umso besser, je mehr Interesse, ja Begeisterung, für die Union geschaffen werden kann.

Insbesondere bei den jungen Unionsbürgern, denn sie sind die Zukunft der EU. Aus unseren Projekten zur Förderung der Jugendbeteiligung an und in der EU wissen wir, dass die eingangs erwähnten guten Argumente der Friedenssicherung und Wohlstandssteigerung allein nicht mehr ausreichen, um Begeisterung für die europäische Integration zu wecken. Frieden und Wohlstand sind in der EU selbstverständlich geworden. Und das ist auch sehr gut so. Die Europäische Union braucht zusätzliche, neue Geschichten. Und Gesichter. Personen und Persönlichkeiten, die der Europäischen Union und ihren Institutionen ein Gesicht geben.

In diesem Sinne ist auch das Projekt »Die Europa-Rede« zu sehen, die die Konrad-Adenauer-Stiftung unter Ihrer Leitung, lieber Herr Pöttering, und wir am 9. November mit der Rede von Herman van Rompuy in Berlin erstmals auf den Weg gebracht haben und die zu einer Institution werden soll.

Meine Damen und Herren, wer könnte zum Thema Europa besser Auskunft geben als Hans-Gert Pöttering? Er ist nicht nur ehemaliger Präsident des Europäischen Parlaments, sondern auch das dienstälteste Mitglied der europäischen Bürgervertretung. Seit 1979 wird das Europäische Parlament direkt von den Bürgern gewählt. Sie, Herr Pöttering, haben sich in einer Zeit für Europa zur Wahl gestellt, als das für junge, ehrgeizige Politiker noch unüblich war. Sie haben vermutlich damals den Altersdurchschnitt der Parlamentarier deutlich gesenkt, denn Sie waren 1979 erst Anfang dreißig.

In den 31 Jahren Ihrer Tätigkeit als Europarlamentarier haben Sie mitgewirkt, die Bedeutung des Europäischen Parlaments deutlich zu erhöhen. Seine Kompetenzen sind heute nicht mehr vergleichbar mit den Gründerjahren. Das Europäische Parlament scheint auf dem Weg, eine echte Vertretung, ja eine Stimme der Unionsbürger zu werden.

Meine sehr geehrten Damen und Herren, Professor Hans-Gert Pöttering war von 1994–2007 stellvertretender Vorsitzender der EVP-Fraktion im Europäischen Parlament, dann Vorsitzender der Fraktion der Europäischen Volkspartei und der Europäischen Demokraten. Von 2007–2009 war er Präsident des Europäischen Parlaments. Seit 2007 ist Professor Pöttering Vorsitzender der Arbeitsgruppe zum Nahen Osten im Europäischen Parlament, seit 2008 Vorsitzender des Kuratoriums für die Errichtung eines »Hauses der Europäischen Geschichte« und seit 2010 Vorsitzender der Konrad-Adenauer-Stiftung.

Herr Professor Pöttering, wir freuen uns auf Ihren Vortrag.

Professor Dr. Hans-Gert Pöttering

Die europäische Perspektive – Werte, Politik, Wirtschaft

Professor Dr. Hans-Gert Pöttering

Meine sehr verehrten Damen und Herren,
nach so vielen Vorschusslorbeeren ist es natürlich besonders schwierig zu sprechen. Lieber Dieter Berg, meine sehr verehrten Damen und Herren, ich freue mich wirklich, heute Abend hier bei Ihnen sein zu können, hier in diesem schönen Saal in Ihrer Landeshauptstadt Stuttgart. Und, lieber Herr Berg, es ist sozusagen jetzt der Gegenbesuch. Sie waren am 9. November in Berlin, als wir, die Konrad-Adenauer-Stiftung und die Robert Bosch Stiftung zusammen mit der Stiftung Zukunft Berlin, zur ersten der zukünftig jährlich am 9. November stattfindenden Europa-Rede einluden. Es war eine wunderbare Veranstaltung mit dem Präsidenten des Europäischen Rates, Herman Van Rompuy, im Pergamon-Museum und ich bin sehr dankbar dafür, dass die Konrad-Adenauer-Stiftung und die Robert Bosch Stiftung so gut zusammenarbeiten können.

Meine Damen und Herren, Dieter Berg stellte soeben die Frage: »Ist Europa in der Krise?«. Das erinnerte mich an eine Prüfung im Jahre 1970 zur Aufnahme in die Promoventen-Förderung der Konrad-Adenauer-Stiftung. Der Prüfer stellte mir damals die Frage: »Befindet sich die NATO in der Krise?«, und meine Antwort war: »Das kommt darauf an, wie man das sieht – es gibt Chancen und es gibt Risiken.« Und das gilt so heute auch für die Europäische Union. Es gibt große Herausforderungen, denen man sich stellen muss, und man muss versuchen, diese klug zu bewältigen.

Meine Damen und Herren, ich will versuchen, die Herausforderungen, vor denen wir jetzt stehen, zu begründen und einige Antworten darauf aus unserer Geschichte abzuleiten. Wir erliegen ja alle sehr leicht der Versuchung – das ist ganz menschlich –, die Entwicklungen und Perspektiven aus der Situation des Tages zu beurteilen. Man ist ärgerlich auf das, was in Brüssel passiert, man ist ärgerlich auf das, was in Berlin sich ereignet, nur hier in Stuttgart, meine Damen und Herren, wie jeder weiß, ist alles in Ordnung, aber das ist auch die Ausnahme.

Dieter Berg sagte vorhin: »Ich fände es schön, wenn man für Europa begeistert wäre.« Meine Damen und Herren, ich bin begeistert und das auch noch nach 31 Jahren im Europäischen Parlament. Wie Sie richtig sagten, Herr Berg, bin ich mittlerweile der dienstälteste Abgeordnete – aber, darauf lege ich Wert, nicht der Älteste.

Die europäische Einigungspolitik ist die Antwort auf die Erfahrungen der Vergangenheit. Gestern durfte ich in Düsseldorf die Laudatio auf die erste Präsidentin des direkt gewählten Europäischen Parlaments halten, auf Simone Veil. Ich habe das mit einer tiefen inneren Emotion getan: Wenn man weiß, welchen Weg diese Frau genommen hat, die ihre Familie in den Konzentrationslagern verloren hat und die dann gleichwohl gesagt hat: »Wir waren jung, wir hatten das Leben vor uns.« Sie hat den Weg der Europäischen Einigung und der Versöhnung beschritten.

Herr Berg hat soeben Robert Schuman erwähnt und die Gründung der Europäischen Gemeinschaft für Kohle und Stahl. Denken wir zurück an das Jahr 1950: Da ist der Außenminister Frankreichs, Robert Schuman, der dem deutschen Bundeskanzler Konrad Adenauer eine Botschaft übermittelt und sagt: »Sollten wir nicht diese Mittel, die Voraussetzung für die Kriege waren, Kohle und Stahl, vergemeinschaften und eine gemeinsame Kontrolle darüber ausüben, um Krieg unmöglich zu machen?« Das war nicht nur ein technischer Vorschlag, sondern dahinter stand das Projekt der Versöhnung und des Ausgleichs. Damit hat Robert Schuman einen Kreislauf durchbrochen, der in jeder Generation vor ihm die Regel war. Wenn es in nahezu jeder Generation Kriege gegeben hat – und Sie alle wissen, welche Kriege es in den letzten 200 Jahren alleine zwischen Frankreich und Deutschland gab –, dann war die Automatik des Denkens nach einem Krieg: Wir müssen möglichst stärker sein als unser Nachbarstaat. Die Franzosen meinten, sie müssten stärker sein als Deutschland, die Deutschen dachten, sie müssten stärker sein als Frankreich, und das war die Logik der Wiederaufrüstung. Diesen Kreislauf hat Robert Schuman durchbrochen, und er fand in Konrad Adenauer, Alcide De Gasperi, Paul-Henri Spaak und anderen, Persönlichkeiten, die diesen Weg mit ihm gegangen sind.

Westeuropa konnte sich daraufhin immer mehr vereinigen. Aber dieses Westeuropa war eben nur ein Teil Europas. Der Ehrenbürger Europas, Helmut Kohl – ich vergesse das nie – hat oft gesagt: »Prag liegt westlicher als Wien«, aber Prag war damals Bestandteil des Warschauer Paktes.

Im Jahre 1979, dem Jahr der ersten Europa-Wahl, sah Europa noch ganz anders aus. Ich bin damals oft gefragt worden von wirklich gut meinenden Freundinnen und Freunden: »Warum kandidierst Du für Brüssel und Straßburg, da hast Du doch gar nichts zu sagen, warum kandidierst Du nicht für Bonn?« Mal unabhängig davon, ob das damals möglich gewesen wäre, war meine Antwort: »Wir müssen dieses Westeuropa stark machen, weil selbst wir Deutschen mit der größten Bevölkerung alleine die Herausforderungen, vor denen wir uns in der Welt befinden, nicht bewältigen können. Wir müssen ein Europa schaffen, das ein Anziehungspunkt ist für die Europäer, die heute noch nicht dabei sind.«

1979 war Europa gespalten, die heutige deutsche Hauptstadt Berlin wurde durchzogen von einer Mauer und die Realität waren Stacheldraht, Mauern und Zäune, war die Teilung unseres Kontinents. Wenn mir jemand 1979 vorausgesagt hätte, dass am 3. Oktober 1990 Deutschland in Freiheit geeint ist oder dass am 1. Mai 2004 drei Nationen, die von der Sowjetunion okkupiert waren, nämlich Estland, Lettland und Litauen, und dass die Warschauer-Pakt-Staaten Polen, die Tschechoslowakei, dann die Tschechische Republik, die Slowakei und Ungarn, diese Warschauer-Pakt-Staaten zusammen mit Slowenien als Teil des kommunistischen Jugoslawiens am 1. Mai 2004 der Wertegemeinschaft der Europäischen Union beitreten würden, wenn das 1979 jemand zu mir gesagt hätte, wäre meine Antwort gewesen: »Das mag eines Tages kommen, aber nicht mehr in unserer Lebenszeit.« Aus der Sicht von 1979 erschien es wie eine Vision, wie eine Hoffnung, wie die Erfüllung eines Traumes – doch dieser Traum, meine Damen und Herren, ist heute Wirklichkeit geworden, weil wir in der Europäischen Union eine Wertegemeinschaft sind. Das dürfen wir niemals vergessen! Wir sollten uns deshalb auch heute, am 14. Dezember 2010, hier in Stuttgart, in der Hauptstadt des Landes Baden-Württemberg, von Herzen über diese Entwicklung freuen.

Meine Damen und Herren, die Konrad-Adenauer-Stiftung hat am vergangenen Sonntag in Weimar den Literaturpreis unserer Stiftung an den Niederländer Cees Nooteboom überreicht, der wunderbare Beschreibungen über Deutschland, über seine Reisen durch Europa und über Berlin, über den Fall der Mauer, verfasst hat. Wir Deutschen sollten niemals vergessen, dass wir heute dieses eine Deutschland sind. Dabei ist nicht das Entscheidende, dass wir in gleichen Grenzen leben, sondern das Entscheidende ist, dass wir alle, im Osten und im Westen, in einer demokratischen, freiheitlichen Ordnung leben. Das ist der entscheidende Maßstab und das hat auch damit zu tun, dass andere Europäer den Weg gleichzeitig gegangen sind, den Weg der Freiheit und der Demokratie, in ganz besonderer Weise unsere polnischen Nachbarn. Ich erinnere an Solidarnosz mit Lech Wałęsa, dessen Sohn heute mein Kollege im Europäischen Parlament ist. Ich erinnere aber auch an Papst Johannes Paul II. Man muss kein Christ sein oder Katholik, aber ohne die geistig-moralische Kraft dieses aus Polen stammenden großen Papstes hätten die Menschen keinen Mut gehabt. Er hat seinen polnischen Landsleuten zugerufen: »Habt keine Angst! Verändert die Welt, verändert diese Welt!«

Meine Damen und Herren, heute umfasst die Europäische Union 500 Millionen Menschen aus 27 Ländern, eine gewaltige Größenordnung. Wenn Sie an die Neugründung des Landes Baden-Württemberg nach dem Krieg denken, mit den unterschiedlichen Teilen, Württemberg, Baden, Hohenzollern, und für mich als Niedersachsen ist es gefahrvoll, sich auf dieses Gebiet zu begeben, deswegen will ich hier aufhören. Aber wenn man alleine schon sieht, wie Baden-Württemberg vielgestaltig ist, und Sie tun recht daran, diese Vielfalt zu bewahren, aber gleichzeitig ein Bundesland zu sein, dann zeigt dieses, um wie viel schwieriger es in ganz Deutschland sein muss oder in der gesamten Europäischen Union. Aber unser eigentliches Ziel ist es doch, in Vielfalt vereint zu sein.

Es ist eine der schönsten Erfahrungen meines Lebens, als am 25. März 2007 die drei Präsidenten der Europäischen Institutionen, unsere Bundeskanzlerin und damalige EU-Ratspräsidentin Angela Merkel, der Präsident der Europäischen Kommission José Manuel Durão Barroso und ich als Präsident des Europäischen Parlaments, die Berliner Erklärung unterzeichneten, ein Dokument zur Erinnerung an die Römischen Verträge, die im Jahre 1957 die Europäische Wirtschaftsgemeinschaft begründeten. Darin steht der schöne Satz: »Wir sind zu unserem Glück vereint.« Meine Damen und Herren, wir sind zu unserem Glück vereint, als Deutsche, aber auch als Europäer in der Europäischen Union.

Einen ähnlich bewegenden Moment durfte ich wenige Monate später erleben, auch wenn es »nur« ein Symbol war. Aber erinnern Sie sich an Bundeskanzler Willy Brandt, dessen Niederknien in Warschau 1970 war ebenfalls »nur« ein Symbol und dennoch eine große, unvergessene Geste. Am 21. Dezember 2007 trafen sich die Präsidenten der Europäischen Institutionen und viele Regierungschefs in Zittau, an der östlichen Grenze Deutschlands zu Polen und zu Tschechien. Wir haben damals symbolisch die Grenzbarrieren weggeräumt. Technisch hieß das: »Erweiterung des Schengen-Raums«, eine etwas komische, unhistorische Bezeichnung – aber das ist auch ein Teil der Probleme der Europäischen Union, dass wir immer so technische Begriffe haben.

An diesem 21. Dezember 2007 ging mir jedenfalls durch den Kopf, was früher Grenzen bedeuteten. Grenzen wurden überschritten von Soldaten und das Ergebnis war Krieg, Elend, Not und Tod. Heute sind Deutsche in Polen willkommen und Polen in Deutschland und wir in Tschechien und die Tschechen hier. Natürlich gibt es immer wieder einmal Stimmen bei uns, aber auch in Polen oder in Tschechien, die Irritationen auslösen. Aber meine politische Erfahrung ist, meine Damen und Herren, dass die große Mehrheit der Europäerinnen und Europäer sich heute bei aller Unterschiedlichkeit, die wir ja auch bewahren wollen, als Europäerinnen und Europäer fühlen. Ich finde, die Versöhnung gerade mit dem polnischen Volk ist eine der größten Erfolge Deutschlands und deutscher Politik und das kommt heute der gesamten Europäischen Union zugute.

Meine Damen und Herren, die Europäische Union braucht aber auch ihre Institutionen. Ich schaue mir gelegentlich das Bild vom 25. März 2007 an, das »Familienfoto« vor dem Brandenburger Tor, mit den europäischen Staats- und Regierungschefs, den Präsidenten der Europäischen Institutionen, dem damaligen deutschen Außenminister Frank-Walter Steinmeier und dem Hohen Beauftragten für die gemeinsame Außen- und Sicherheitspolitik, Javier Solana. Ich glaube, es waren insgesamt 31 Personen. Und wenn Sie dieses Bild aus dem Dezember 2007 anschauen und zählen, wer von den Personen noch im Amt ist, dann ist das etwa nur noch ein Drittel. Das zeigt, was Jean Monnet meinte, als er sagte: »Nichts ist möglich ohne die Menschen, nichts dauerhaft ohne Institution.« Die Menschen kommen und gehen – das ist in der Demokratie etwas ganz Normales –, aber die Institutionen bleiben bestehen. Deshalb müssen die Europäischen Institutionen auch stark sein, das Europäische Parlament, der Ministerrat, der Europäische Rat, also die Staats- und Regierungschefs und die Europäische Kommission.

Stellen wir uns einmal vor, die Bundesrepublik Deutschland mit ihren 16 Bundesländern hätte nicht die Ebene des Bundes mit dem Bundestag, dem Bundesrat, der Bundesregierung und dem Bundesverfassungsgericht, wir hätten nicht diese Bundesinstitutionen, sondern wir hätten nur die Zusammenarbeit der Regierungen der 16 Bundesländer, so wie in der Kultusministerkonferenz. Es wäre ein Kampf aller gegen alle, des Nordens gegen den Süden, der Starken gegen die Schwachen, und dann noch der parteipolitische Streit, der in der Demokratie auch dazugehört. Es würde in Deutschland ohne Bundesinstitutionen nie funktionieren und so würde es auch auf Dauer in der Europäischen Union nicht funktionieren.

Deshalb brauchen wir starke Europäische Institutionen mit einer EU-Kommission als »Hüterin der Verträge«, mit einem starken Europäischen Parlament und mit einem Ministerrat, der nach Mehrheit entscheidet.

Das Europäische Parlament ist einen weiten Weg gegangen. Als wir 1979 gewählt wurden, hatte das Europäische Parlament keinerlei Gesetzgebungskompetenz. Dafür sind wir dann auch über viele Jahre belächelt worden, als Abgeordnete, die nichts zu sagen haben. Aber, meine Damen und Herren, Politik besteht nicht nur darin, Einfluss und Macht zu haben, weil es irgendwo in Verträgen steht, sondern Politik besteht auch darin, gute, überzeugende Argumente zu haben, so dass am Ende die Demokratie und der Parlamentarismus auf der europäischen Ebene genauso verwirklicht ist wie auf der nationalen Ebene. Dafür haben wir 30 Jahre lang gekämpft. Es gab den Vertrag von Maastricht, der auch die Grundlagen für die Europäische Währungsunion geschaffen hat. Es gab den Vertrag von Amsterdam, dann den Vertrag von Nizza im Dezember 2000, der uns nicht wirklich weiterführte, und dann den Vertrag von Lissabon.

Ich erinnere mich sehr gut, es war in diesen Tagen, vor zehn Jahren im Dezember, als der Präsident Frankreichs, damals der Präsident des Europäischen Rates, Jacques Chirac, über die Verhandlungen über den Vertrag von Nizza berichtete. Jacques Chirac kam ins Europäische Parlament und verkaufte »Nizza« als einen großen Erfolg und brachte mich als Fraktionsvorsitzenden in eine ziemlich bedauernswerte Situation. Die eigene Fraktion war in der Beurteilung von »Nizza« total gespalten. Diejenigen in meiner Fraktion, die in den nationalen Hauptstädten mit ihren Parteien regierten, wie die Spanier mit Ministerpräsident Aznar, die waren natürlich für den Vertrag von Nizza, weil ihr Ministerpräsident und Parteivorsitzender dem zugestimmt hatte, und andere wie meine politischen Freunde der CDU/CSU, die in Deutschland in der Opposition waren, lehnten den Vertrag ab, da es für das Parlament keine neuen Kompetenzen gab, was auch stimmte. Das heißt, es ging ein tiefer Riss durch die Fraktion. Ich habe dann wie folgt argumentiert: »Herr Präsident des Europäischen Rates, unsere Fraktion wird ihre endgültige Haltung zu Nizza davon abhängig machen, was nach Nizza kommt. Wir brauchen einen weiteren Reformprozess nach Nizza.«

Daraufhin übernahm unsere Fraktion die Initiative: Auf dem Kongress meiner Parteienfamilie, der Europäischen Volkspartei, verfassten wir auf der Grundlage einer Entschließung unserer Fraktion im Januar 2001 eine Resolution, in der wir forderten, dass es eine neue Konferenz, einen »Konvent«, geben müsse. In der Januarwoche in Straßburg kam daraufhin ein Kollege der sozialistischen Fraktion auf mich zu, der heutige Präsident Italiens, Giorgio Napolitano. Er sagte: »Toll, was ihr da beschlossen habt.« Und meine Antwort war: »Lieber Herr Napolitano, machen Sie das Gleiche in Ihrer Parteienfamilie.« Und so haben wir den weiteren Reformweg begründet.

Das Ergebnis war dann zunächst der Entwurf eines Verfassungsvertrags, der dann, wie Sie wissen, in den Niederlanden und in Frankreich in Referenden scheiterte. Dies geschah aus völlig unterschiedlichen Gründen, die ich jetzt nicht vertiefen möchte. Doch nach der Ablehnung in den Niederlanden sagte der niederländische Außenminister, der sogar zu meiner politischen Familie gehörte, der Verfassungsvertrag sei tot. Ich habe ihn dafür kritisiert und einige niederländische Zeitungen haben mich zitiert. Er hatte Charakter und ist daraufhin zu mir nach Brüssel gekommen. Wir haben diskutiert und ich sagte ihm: »Herr Außenminister, dieses Europa ist so kompliziert und Sie haben in den Niederlanden aus völlig anderen Gründen als in Frankreich nein gesagt, das respektieren wir. Aber Sie können doch jetzt nicht hingehen und dieses gesamte Projekt für tot erklären. Wir haben dafür Jahre lang gearbeitet, in einem Konvent, mit Valérie Giscard d'Estaing an der Spitze und vielen anderen. Solange noch etwas Glut in der Asche ist, müssen wir versuchen, das Feuer neu zu entfachen und für einen neuen Vertrag arbeiten.« Ich erzähle das deshalb, um Ihnen zu zeigen, dass man in Europa Überzeugungen und einen langen Atem haben muss, sonst braucht man dort gar nicht anzufangen. Meine Damen und Herren, ich glaube, ich übertreibe nicht, wenn ich sage: »Ohne das Europäische Parlament, das zwar rechtlich nicht über den Vertrag entscheidet, aber stets eine treibende Kraft war, ohne das Europäische Parlament hätten wir heute keinen Vertrag von Lissabon.«

Vor diesem Vertrag hatte das Europäische Parlament schon etwa in 75 Prozent europäischer Gesetzgebung die Mitentscheidung mit dem Ministerrat. Und ich zeige Ihnen hier einen Füller, das ist ein Geschenk des niedersächsischen Fußballverbandes – meine Damen und Herren, solche Geschenke darf man als Politiker noch behalten –, mit diesem Füller habe ich am 23. April 2009 die Europäische Klimaschutzgesetzgebung unterzeichnet. Diese wurde damals unterzeichnet vom Präsidenten der EU-Kommission, José Manuel Durão Barroso, dem Vertreter der Tschechischen EU-Ratspräsidentschaft, dem heutigen Ministerpräsidenten Petr Nečas, und mir, dem Präsidenten des Europäischen Parlaments.

Das Beispiel ist von doppelter Bedeutung: Es zeigt einmal, welche Bedeutung das Parlament bereits vor dem Vertrag von Lissabon hatte und dass wir in einer entscheidenden Frage für den Schutz der Menschheit auf unserer Erde die Führung in der Welt übernommen haben. Mich wundert aber nach wie vor, dass auch bei uns niemand darüber spricht, wenn wir Europäer wirkliche Leistungen erbringen, wie bei unserer Führungsrolle im Kampf gegen den Klimawandel. Wenn unsere amerikanischen Freunde irgendwo in der Welt eine Million Dollar für einen guten Zweck einsetzen, dann wird das breit getreten und es weiß nahezu jeder. Wir sind in der Darstellung dessen, was wir gut machen, viel zu zurückhaltend. Ich empfehle uns daher, dass wir, die Europäische Union, zwar in angemessener Weise, aber doch sehr viel selbstbewusster werden.

Meine Damen und Herren, nun mit dem Vertrag von Lissabon ist das Europäische Parlament in nahezu 100 Prozent europäischer Gesetzgebung gleichberechtigt mit dem Ministerrat, noch nicht bei den Steuerfragen und bei Fragen der Erhebung von Eigeneinnahmen der Europäischen Union, aber ansonsten sind wir in allen Fragen europäischer Gesetzgebung gleichberechtigt.

Doch das Wichtigste an Europa heute ist der Frieden. Wenn man nur an die letzten Kriege denkt. Ich sehe, wenn ich in Berlin in der Konrad-Adenauer-Stiftung bin, immer die Siegessäule. Sie ist entstanden als Symbol des Krieges 1870/71, der gewonnene Krieg gegen Frankreich. Man spricht zwar von Siegessäule, aber im Grunde genommen ist jeder Sieg auch eine Niederlage, weil es zu diesem Krieg gar nicht hätte kommen dürfen. Und dann die beiden Weltkriege, 1914-18 und 1939-45. In jeder Generation war es so, dass die Macht das Recht setzte. Die Machthaber haben das getan, was sie wollten, und bezeichneten dies als rechtens. Doch heute und das ist das historisch Neue und Großartige, heute hat in der Europäischen Union das Recht die Macht, und nicht die Macht hat Recht. Ich finde es auch ein besonders schönes Symbol, dass die Institution, die am Ende das letzte Wort hat, also das letzte Recht spricht, nämlich der Europäische Gerichtshof, seinen Sitz in Luxemburg hat. Zwar ein geographisch und von der Bevölkerungszahl her kleineres Land, aber ein Land mit einem großen europäischen Geist.

Meine Damen und Herren, wir in der Europäischen Union teilen die gleichen Werte und der Kern ist die Würde des Menschen, sind die Menschenrechte, die Demokratie, die Freiheit, der Frieden, die Rechtsordnung und die Solidarität.

Kürzlich bin ich in Korea von einem Journalisten gefragt worden: »Was halten Sie davon, wenn wir, die Südkoreaner, eine Organisation bilden, die der Europäischen Union vergleichbar ist?« Ich habe gefragt: »Wen wollen Sie denn dabei haben?« Darauf hieß es: »China, Japan, Vietnam, und, wenn es geht, Nordkorea.« Meine Antwort war: »Das wird nicht funktionieren. Wie können Staaten mit völlig unterschiedlichen Systemen eine gemeinsame Grundlage finden, wenn sie nicht etwas haben, worauf sich alles gründet?« Wir in der Europäischen Union mit unseren 27 Ländern, wir haben diese gemeinsamen Werte, die uns verbinden. Das war ja auch Ausdruck der friedlichen Revolution 1989/90, dass wir in Europa auf gleicher Wertebasis leben wollen.

Und gerade weil dies so ist, dürfen wir nicht die Augen verschließen vor der Verletzung der Menschenrechte in der Welt. Wir würden uns selbst gegenüber unglaubwürdig, wenn wir nicht immer, in angemessener Weise natürlich, die Menschenrechte verteidigen würden. Die Regierungen sind dabei immer etwas vorsichtiger, weil sie ihre Interessen vertreten müssen. Deshalb ist es um so wichtiger, dass wir als Europäisches Parlament unsere Stimme erheben, wenn Menschen bestraft werden, weil sie für die Freiheit eintreten wie der Friedensnobelpreisträger dieses Jahres, Liu Xiaobo. Wir haben uns auch jahrelang für Aung San Suu Kyi in Burma, jetzt heißt es Myanmar, eingesetzt. Sie ist Trägerin des Sacharow-Preises des Europäischen Parlaments, ebenso wie Alexander Milinkiewitsch aus Weißrussland. Wie Sie wissen, gibt es in Weißrussland noch ein sehr autoritäres Regime, manche sagen: die letzte Diktatur Europas.

Morgen werden wir im Europäischen Parlament erneut den Sacharow-Preis verleihen, diesmal an den kubanischen Dissidenten Guillermo Fariñas, der in Havanna im Gefängnis sitzt. Ich habe in der vergangenen Woche in Berlin, in unserer Stiftung, einige der jetzt frei gelassenen kubanischen Freiheitskämpfer empfangen. Sie wurden nur frei gelassen, weil sie es akzeptierten, dann ins Exil zu gehen. Fünfzehn haben es nicht akzeptiert und sitzen weiterhin als politische Häftlinge in den Gefängnissen. Ich finde, wir haben alle eine Verpflichtung, uns für die Menschen einzusetzen, die nicht das Glück haben, wie wir in Freiheit zu leben. Wir sind es diesen Menschen schuldig, aber wir sind es auch uns selber schuldig, weil wir diese Werte für uns so selbstverständlich in Anspruch nehmen.

Meine Damen und Herren, als ich eben aus Straßburg kam, kam ich aus einer Sitzung mit dem Verantwortlichen für den Europäischen Stabilisierungsfonds, Klaus Regling, ein Deutscher, früher Staatssekretär in verschiedenen Bundesregierungen und Generaldirektor der EU-Kommission. Wir haben in einem kleinen Kreis von Kolleginnen und Kollegen über die aktuelle Situation unserer gemeinsamen Währung diskutiert. Es ist dabei wichtig, auf die Grundlagen zu blicken. Wir haben heute den europäischen Binnenmarkt mit einem freien Austausch von Personen, Waren, Dienstleistungen und Kapital. Überlegen Sie, wie es wäre, wenn wir diesen gemeinsamen Markt nicht hätten und uns als Einzelnation gegenüber den großen Wirtschaftsmächten der Welt, wie der USA oder China, behaupten müssten. Und ich erinnere mich an ein Beispiel dafür, wie unterschiedlich die Mentalität in Europa ist.

Es war im Jahre 2004, als die Fraktion der Europäischen Volkspartei eine Vorstandssitzung in Bordeaux hatte, in einem angemessenen Hotel, vielleicht nicht ganz so schön wie das Maritim heute hier in Stuttgart, aber wir sind ja auch in Stuttgart. Ich hatte stundenlang die Sitzung geleitet und ehe ich zu meinem Beispiel komme, muss man sagen, dass die Franzosen damals den »polnischen Klempner« fürchteten. Es gab zu dieser Zeit die Debatte um die Herstellung der Dienstleistungsfreiheit und EU-Kommissar Bolkestein, ein sehr konsequenter Liberaler, wollte von einem Tag auf den anderen alle Grenzen öffnen. Sie wissen ja, dass die Franzosen eher staatliche Vorstellungen von der Lenkung der Wirtschaft haben. Am Ende fokussierte sich die Diskussion in dem Land auf den polnischen Klempner, von dem die Franzosen meinten, dass dieser schon bald den französischen Klempnern die Arbeitsplätze wegnähme. Auf Französisch heißt er plombier polonais, im Englischen polish plumber. Nachdem ich die Sitzung stundenlang geleitet hatte, begab ich mich zur Toilette. Von dort kam mir mein schwedischer Kollege Gunnar Hökmark entgegen und sagte: »Hans-Gert, they need the polish plumber.« Sie brauchen den polnischen Klempner. Und, meine Damen und Herren, ich schildere Ihnen jetzt keine Details, aber nachdem, was ich dort vorgefunden habe, kann ich nur bestätigen: »They need the polish plumber.«

Wenige Wochen später hatte ich eine Veranstaltung in Paris und ein mir befreundetes deutsches Diplomatenehepaar lud mich zum Kaffee ein. Sie hatten ein schickes Appartement und wenn auch für den Kaffee wenig Zeit blieb, sprachen wir unter anderem darüber, dass sie froh seien, dass nun endlich ihre Heizung repariert sei, da sie alles in allem ein Jahr auf den Heizungsmonteur warten mussten.

Warum erzähle ich diese Beispiele? Nicht, weil es nette Geschichten sind, sondern weil sie deutlich machen, dass die Psychologie eines Volkes zum Teil völlig anders ist, als es der eigenen Interessenlage entspricht, d. h., Frankreich müsste ein Interesse daran haben, dass Klempner aus anderen Ländern ins Land kommen und qualifizierte handwerkliche Arbeit anbieten, dennoch lässt sich mit so einem Thema die Angst vor freien Grenzen schüren. Das zeigt die schwierige europäische Mentalität.

Und so haben wir den Dienstleistungsmarkt geöffnet, in Schritten, sozial verträglich, aber wir haben ihn geöffnet und wir sind heute ein gemeinsamer Wirtschaftsraum mit einem freien Austausch von Personen, Waren, Dienstleistungen und Kapital.

Dazu gehört auch eine gemeinsame Währung, von der gerade wir Deutschen profitieren. Wenn wir als Export-Weltmeister ständig Auf- und Abwertungen mit unseren Haupthandelspartnern erleben müssten, mit Frankreich, mit Italien, mit den Niederlanden, dann würden wir am Ende immer draufzahlen. Es war deshalb auch aus rein wirtschaftlichen Gründen die richtige Entscheidung, die gemeinsame europäische Währung zu schaffen.

Auch Herr Regling hat bei unserem Gespräch heute Nachmittag festgestellt: »Es hat noch nie in der Geschichte Europas eine Währungsunion dieser Größe und ein solch erfolgreiches Projekt gegeben.« Wir sind heute 16 Länder in dieser Währungsunion. Und stellen Sie sich vor, wir hätten in diesen turbulenten Zeiten, in denen wir uns befanden und befinden, nicht die gemeinsame europäische Währung. Gerade wir Deutsche hätten dadurch große Nachteile gehabt. Nun sind einige Euro-Länder in Schwierigkeiten, da sie über ihre Verhältnisse gelebt haben. Das muss natürlich in Ordnung gebracht werden. Aber, meine Damen und Herren, seien wir auch einmal selbstkritisch. Ich erinnere mich sehr gut daran, als im Jahr 2004 unter »Rot-Grün« mit Bundeskanzler Gerhard Schröder, als Deutschland aber auch Frankreich, also die beiden Großen zusammen der Meinung waren, es mit der Stabilität nicht so genau nehmen zu müssen. Wir haben uns über die Grenzen der Verträge hinaus verschuldet, und als wir dafür von der EU-Kommission in Brüssel einen blauen Brief bekommen sollten, ist dies mit großem Aufwand verhindert worden. Ich sage das völlig wertfrei und schon gar nicht parteipolitisch, sondern ich sage es, da wir nicht glauben sollten, wir würden stets alles richtig machen.

Jetzt muss es darum gehen, dass wir uns in Griechenland, in Irland und auch in Portugal und dort, wo es notwendig ist, wieder an den Stabilitätskriterien orientieren. Ich möchte Ihnen auch sagen, dass ich hohen Respekt vor den Regierungen habe, die nicht meiner politischen Farbe angehören, und für die ist es ja noch schwieriger, Stabilitätspolitik zu betreiben, die dennoch Sparmaßnahmen durchsetzen und damit den Arbeitnehmerinnen und Arbeitnehmern etwas zumuten. Ich habe hohen Respekt vor diesen Regierungen und ich kritisiere meine europäischen Parteifreunde, wenn sie aus rein populistischen Gründen gegen diese Politik stimmen. Wir müssen die Stabilitätspolitik überall in der Europäischen Union durchsetzen, damit der Euro sich behaupten kann. Dies sind auch wichtige Weichenstellungen für die Zukunft.

Es stellt sich natürlich die Frage, wie das am besten umzusetzen ist. Ich bin zwar kein Wirtschafts- oder Finanzexperte, aber wir sind nicht Anhänger des Kapitalismus und wir sind auch nicht Anhänger einer Staatswirtschaft, sondern wir vertreten die Soziale Marktwirtschaft. Deren Grundsatz ist es, dass die Summe der Menschen – das sind wir alle, die Verbraucherinnen und Verbraucher – in der Regel den Markt besser gestalten können als der beste Bürokrat in Brüssel oder in Berlin; Stuttgart habe ich eben schon mal ausgenommen, das will ich jetzt nicht noch mal erwähnen. Deshalb sind wir für den freien Markt und die marktwirtschaftlichen Kräfte. Aber der Markt ist kein Selbstzweck, sondern der Markt muss den Menschen dienen, er hat auch eine soziale Funktion. Deshalb braucht der Markt Ordnung und dafür brauchen wir Regeln. Regeln für die Finanzaufsicht, für Versicherungen, für Wertpapiere und auch für Rating-Agenturen. Es sind heutzutage Rating-Agenturen, die in ihren Bewertungen der Kreditwürdigkeit des einen Landes sagen: »Die sind überschuldet und müssen sparen«, und im anderen Land, das anfängt zu sparen: »Mit dem Sparkurs wird die Konjunktur erstickt.« Meine Damen und Herren, diese Argumente passen nicht zusammen und deswegen brauchen wir für Rating-Agenturen strengere gemeinsame Regeln.

Meine Empfehlung ist jedenfalls, dass die politisch Verantwortlichen alles in ihrer Macht Stehende tun sollten, um den Euro in eine gute Zukunft zu führen. Und glauben Sie nicht immer den aufgebauschten Meldungen, dass alles nach Krise und nach Katastrophe aussieht. Klaus Regling erwartet, dass die Griechen am Ende die Darlehen aus dem Stabilitätsfonds zurückzahlen werden und damit Deutschland und die anderen Beteiligten sogar noch daran verdienen. Ich weiß nicht, ob es so kommt, aber seiner Ansicht nach stehen die Chancen gut, dass die Griechen die Kredite zurückzahlen werden.

Meine Damen und Herren, lassen Sie mich, ehe ich zum Schluss komme, noch einen Bereich ansprechen, von dem Sie vielleicht meinen, dass er gar nicht mal der wichtigste für uns ist. Ich hatte heute Nachmittag ein Gespräch mit drei Bischöfen aus dem Irak, dem Erzbischof von Bagdad, dem Bischof von Babylon und dem Bischof von Mossul. Sie wissen, im Irak sind viele Christen ermordet und Kirchen bombardiert worden. Doch jetzt mal abgesehen von der schwierigen Situation im Irak, wenn wir die islamische Welt insgesamt betrachten, stellt sich uns die große Frage: Wie schaffen wir es, dass die Kulturen miteinander in Frieden leben? Erlauben Sie mir auch hier ein Beispiel anzuführen.

Im Dezember 2008 besuchte ich als Präsident des Europäischen Parlaments vier arabische Länder: Oman, die Vereinigten Arabischen Emirate, Bahrain und Saudi-Arabien. Und ich möchte nur etwas zum ersten und zum letzten Land sagen. In Oman, in Maskat, der Hauptstadt Omans, haben wir einen Gottesdienst besucht. In all diesen Ländern sind hunderttausende von

Christen als Gastarbeiter von den Philippinen, aus Indien, Bangladesch und deshalb gibt es in Oman auch christliche Kirchen. Im Gottesdienst wurde für die europäischen Gäste gebetet, aber auch, was mich überraschte, für den Sultan. Ich habe anschließend gefragt: »Warum betet Ihr für den Sultan?«. »Weil er«, so war die Antwort, »uns unseren Glauben leben und bekennen lässt. Er hat uns sogar geholfen, als durch einen Sturm die Gebäude der Pfarrei beschädigt wurden und wir Unterstützung für die Reparatur brauchten.« Als ich am nächsten Morgen beim Sultan von Oman war, habe ich ihm von meinem Erlebnis berichtet. Sie können sich nicht vorstellen, wie dieser Mann sich gefreut hat.

Doch jetzt komme ich zu Saudi-Arabien, dem letzten der vier Länder, die ich besuchte. In ganz Saudi-Arabien gibt es nicht eine einzige christliche Kirche. Wenn ein Moslem Christ werden will, kann er sogar zum Tode verurteilt werden, genau wie im Iran. Ich habe dort gesagt: »Sie erwarten von uns in Europa, dass wir Gebetshäuser zulassen, dass Moscheen gebaut werden können, und Sie verlangen es zu Recht. Aber wenn hier bei Ihnen Christen leben, dann haben diese das gleiche Recht wie die Muslime in Europa. Wir erwarten von Ihnen, dass Christen auch hier ihre Kirchen bauen dürfen.« Ein hoher Gesprächspartner entgegnete mir darauf, dass der Papst in Rom ja auch keine Moschee im Vatikan erlaube. Meine Antwort war: »Sie können doch unmöglich ganz Saudi-Arabien mit dem Vatikan vergleichen. Wenn Sie in Mekka und Medina keine Kirche haben, verstehe ich das noch, aber lassen Sie den Kirchenbau in den anderen Städten und Teilen Ihres Landes zu.«

Meine Damen und Herren, dabei geht es um das fundamentale Menschenrecht der freien Religionsausübung. Und man muss kein Christ sein, um diese Position zu vertreten. Ich vertrete sie als Christ, aber auch ein Nicht-Christ müsste sie vertreten. Ich glaube zutiefst daran, dass wir den »Clash of Civilization«, den uns ja einige prophezeien, den Zusammenprall der Kulturen, verhindern können, wenn wir uns nicht von der Angst davor leiten lassen, sondern an das friedliche Zusammenleben glauben. Wichtig ist aber auch: Toleranz ist keine Einbahnstraße, Toleranz ist immer auch eine Zweibahnstraße. Es gilt das gleiche Recht für Muslime wie für Christen und wir müssen es unseren islamischen und arabischen Gesprächspartnern so auch sagen.

Ich glaube, wenn wir in dieser Weise unsere Überzeugung und unsere Werte vertreten, dann gehen wir einen richtigen Weg. Es wird auch von großer Bedeutung für das friedliche Zusammenleben der Völker in der Welt sein, ob es uns gelingt, Frieden im Nahen Osten zu schaffen, mit Israel in sicheren Grenzen und Palästina in sicheren Grenzen. Denn wenn die Würde des Menschen der Kern unserer Überzeugung ist, dann ist die Würde des Palästinensers die gleiche wie die eines Israelis und die Würde eines Israelis die gleiche wie die eines Palästinensers. Ich hoffe deshalb, dass die Europäische Union noch einen stärkeren Beitrag zum Frieden im Nahen Osten leisten kann, auf der Grundlage von zwei Staaten, die in Frieden miteinander leben. Was in Europa möglich war, die Versöhnung ehemaliger Feinde, das muss auch im Nahen Osten möglich werden.

Abschließend, meine sehr verehrten Damen und Herren, möchte ich noch auf unsere Verantwortung als Europäer zu sprechen kommen. Sie leben hier in Baden-Württemberg, in Stuttgart, oder woher Sie heute Abend gekommen sind. Dies ist Ihre Heimat. Darüber hinaus haben wir unsere Regionen, unsere Bundesländer. Wir alle sind auch Deutsche und die deutsche Staatsangehörigkeit vermittelt uns die Bürgerschaft der Europäischen Union. Außerdem haben wir aber auch eine Verantwortung für die Welt. Denn wer nur die Heimat sieht, und die Heimat ist die Grundlage, hier beginnt Deutschland, hier beginnt Europa, wer nur die Heimat sieht, wird sie nicht schützen. Wer die eigene Nation über alles stellt, wird zum Nationalisten, und Nationalismus führt zum Krieg. Und wer nur als Europäerin oder Europäer empfindet, der hat keine Wurzeln. Und deswegen gehört dies alles zusammen: Heimat, die Region, das eigene Land, viele sagen Vaterland, die Europäische Union und die Verantwortung für die Welt.

Und wenn wir diese Verantwortung wahrnehmen, dann gehen wir einen guten Weg in die Zukunft im 21. Jahrhundert als Stuttgarter, als Baden-Württemberger, als Deutsche und als Europäer. Und es ist im tiefsten, fundamentalen Interesse der Bundesrepublik Deutschland, dass wir diesen Weg der Einigung Europas weitergehen. Vielen Dank.

Hans-Gert Pöttering

1945	geboren in Bersenbrück
	Wehrdienst, Reserveoffizier
	Studium der Rechtswissenschaften, Politik und Geschichte an den Universitäten Bonn und Genf sowie an dem dortigen Institut des Hautes Études Internationales
	Studienaufenthalt an der Columbia University in New York
1974	Promotion zum Dr. phil.
1976	Zweites juristisches Staatsexamen
1976–1979	Wissenschaftlicher Angestellter
Seit 1979	Als einziger Abgeordneter seit der ersten Direktwahl ununterbrochen Mitglied des Europäischen Parlaments
1989	Berufung zum Lehrbeauftragten der Universität Osnabrück
1995	Berufung zum Honorarprofessor der Universität Osnabrück
1994–1999	Stellv. Vorsitzender der EVP-Fraktion im Europäischen Parlament
1999–2007	Vorsitzender der Fraktion der Europäischen Volkspartei (Christdemokraten) und Europäischer Demokraten (EVP-ED) im Europäischen Parlament
1999–2009	Mitglied im Präsidium und Bundesvorstand der CDU Deutschlands, seitdem kooptiert in den Bundesvorstand
2007–2009	Präsident des Europäischen Parlaments
	Vorsitzender der Arbeitsgruppe zum »Nahen Osten« im Europäischen Parlament
	Vorsitzender des Kuratoriums für die Errichtung eines »Hauses der Europäischen Geschichte«
Seit Januar 2010	Vorsitzender der Konrad-Adenauer-Stiftung

Die Robert Bosch Stiftung

Die Robert Bosch Stiftung ist eine der großen unternehmensverbundenen Stiftungen in Deutschland. Ihr gehören 92 Prozent des Stammkapitals der Robert Bosch GmbH. Sie wurde 1964 gegründet und setzt die gemeinnützigen Bestrebungen des Firmengründers und Stifters Robert Bosch (1861-1942) fort.

Die Stiftung konzentriert sich in ihrer Arbeit auf die Gebiete:
:: Gesundheit und Wissenschaft
:: Gesellschaft und Kultur
:: Völkerverständigung Westeuropa, Amerika, Türkei, Japan, Indien
:: Völkerverständigung Mitteleuropa, Südosteuropa, GUS, China
:: Bildung und Gesellschaft

Zur Stiftung gehören in Stuttgart das Robert-Bosch-Krankenhaus, das Dr. Margarete Fischer-Bosch-Institut für Klinische Pharmakologie und das Institut für Geschichte der Medizin.

Herausgegeben von der Robert Bosch Stiftung
Foto: Susanne Kern
Mai 2011

Robert Bosch Stiftung GmbH
Heidehofstraße 31
70184 Stuttgart
info@bosch-stiftung.de
www.bosch-stiftung.de

© 2011 Robert Bosch Stiftung GmbH, Stuttgart
Alle Rechte vorbehalten
ISBN 978-3-939574-24-8